بسم الله الرحمن الرحيم

Diyanet İşleri Başkanlığı Yayınları/22
Cep Kitapları/96

Tashih
İsmail DERİN

Grafik
Mücella TEKİN

Din İşleri Yüksek Kurulu Kararı: 01.04.1965/340

21. Baskı, Ankara 2012

Baskı
Sarıyıldız Ofset
Tel: (0.312) 395 99 94

2012-06-Y-0003-22
ISBN: 978-975-19-0191-0
Sertifika No: 12930

İletişim
Dini Yayınlar Genel Müdürlüğü
Basılı Yayınlar Daire Başkanlığı
Üniversiteler Mah. Dumlupınar Bulvarı
No: 147/A 06800 Çankaya/ANKARA
Tel: 0312 295 72 94
Faks: 0312 284 72 88
e-posta: diniyayinlar@diyanet.gov.tr

Dağıtım ve Satış
Döner Sermaye İşletme Müdürlüğü
Tel: (0.312) 295 71 53 - 295 71 56
Faks: (0.312) 285 18 54
e-posta: dosim@diyanet.gov.tr

Namaz Sûrelerinin Türkçe Terceme ve Tefsiri

A. Hamdi AKSEKİ

İÇİNDEKİLER

ÖN SÖZ

Kur'an-ı Kerim, insanlar için bir fazilet, bir hidayet ve saadet kaynağıdır. O, insanı karanlıklardan, dalâlet çukurlarından çıkarır; nûra, felâha ve selâmete ulaştırır.

İnsan, Kur'an'ı ne kadar dikkat ve ne derece saygı ile okursa, rûhu ve kalbi üzerinde o nisbette tesir yapar ve insanı Allah'ına yaklaştırır.

Kendisine mahsus usul ve kaidelere riâyet edilerek okunan bir Kur'an'ın, sade saygı ile dinleyenler üzerinde bile yaptığı eşsiz tesiri her vakit müşahede etmekteyiz. Bunu her insan kendi nefsinde deneyebilir.

Manasını bilen de, bilmeyen de ondan muhakkak ki kendine ve irfan derecesine göre bir feyiz ve nasip alır; onun nûru ile kalbini aydınlatır. Fakat manasını anlayan ve üzerinde durarak okuyanlar için bu feyiz elbette daha derin ve daha ulvîdir.

İşte bunu düşünerek her müslüman için namazda okunması gerekli olan Fâtiha sûresi ile namaz sûreleri dediğimiz kısa sûrelerden

10'unu bu ufacık kitaba alarak, onların meâlen tercümelerini ve kısaca tefsirlerini de yaptım.

Bu suretle hiç olmazsa isteyenler her namazda okunacak olan sûreleri derli-toplu, bir arada bulacaklar, hem de kısaca da olsa onların manalarını anlayarak onlar üzerinde durup tefekkür edebileceklerdir. İmanlı bir müslüman için bu kadarı da büyük bir kazançtır.

Bu münasebetle namaz içinde okunan Salâvat-ı Şerîfe ile duaları da manalarıyla birlikte buraya koydum. Bu suretle bunların kolayca ezberlenmeleri de sağlanmış oluyor.

Tevfik ve hidâyet Allah'tandır.

A. Hamdi AKSEKİ

19/8/1949

سُورَةُ الْفَاتِحَةِ

FÂTİHA SÛRESİ

بِسْمِ اللّٰهِ الرَّحْمٰنِ الرَّح۪يمِ ﴿١﴾

اَلْحَمْدُ لِلّٰهِ رَبِّ الْعَالَم۪ينَۙ ﴿٢﴾ اَلرَّحْمٰنِ الرَّح۪يمِۙ ﴿٣﴾ مَالِكِ
يَوْمِ الدّ۪ينِۜ ﴿٤﴾ اِيَّاكَ نَعْبُدُ وَاِيَّاكَ نَسْتَع۪ينُۜ ﴿٥﴾ اِهْدِنَا
الصِّرَاطَ الْمُسْتَق۪يمَۙ ﴿٦﴾ صِرَاطَ الَّذ۪ينَ اَنْعَمْتَ عَلَيْهِمْۙ غَيْرِ
الْمَغْضُوبِ عَلَيْهِمْ وَلَا الضَّٓالّ۪ينَ ﴿٧﴾

"Bismillâhi'r-Rahmâni'r-Rahîm.

Elhamdülillâhi Rabbi'l-'âlemîn. Er-Rahmâni'r-Rahîm. Mâliki yevmi'd-dîn. İyyâke na'büdü ve iyyâke neste'în. İhdine's-sırâta'l-müstekîm. Sırâta'l-lezîne en'amte 'aleyhim ğayri'l-meğdûbi 'aleyhim ve le'd-dâllîn."

"Rahman ve Rahim olan Allah'ın adı ile. Hamd (övmek, övülmek); O, âlemlerin Rabbi, O Rahmân, Rahîm, O, âhiret gününün mâliki Allah'ın (hakkı)dır, O'na mahsustur. İlâhi! Yalnız Sana ibâdet ve kulluk ederiz, sade Sen'den yardım dileriz. Bizi doğru yola hidâyet eyle. Kendilerine bol bol nîmet verdiğin bahtiyarların yoluna, ki onlar ne azıp

sapmış, ne de gazabına uğramışlardır. (Duamızı kabul eyle Allah'ım!)"

Bu sûre yedi âyettir. Kur'an, bununla başlar. Buna "Fâtiha, El-Hamdü'li'llâh" sûresi denir. Beş vakit namazın her rek'atında bu sûreyi okumak vâciptir. Bu bakımdan namaz kılan her müslüman, bu sûreyi günde kırk kere, hiç değilse on yedi kere okuyacak demektir.[1] Bu sûre, bize Allah'ı sıfatlarıyla bildiriyor. Allah'a nasıl îman ve ibâdet etmek lâzım geldiğini tâlim ediyor. Bizi dünya ve âhiret saâdetine götürecek yolu gösteriyor.

Şimdi bu âyetlerin manalarını kısaca izah edelim:

El-Hamdü; hamd övmek demektir. Allah, bütün kemâl sıfatları kendisinde toplanmış, eksik sıfatlardan ârî, her varlığın yaratıcısı olan Vâcibü'l-Vücûd'dur.

Rabb; burada Allah'ın sıfatıdır; yarattıklarını terbiye eden, besleyip büyüten, istediği gibi kalıptan kalıba geçiren, onlara yap yapma diye tekliflerde bulunan, bazan sevindiren, bazan korkutan ve yavaş yavaş yetiştirip kemâle erdiren... Kısaca, Terbiyenin bütün

---

1 Sünnetler de dahil olmak üzere beş vakit namaz, kırk rek'at eder. İkindi ve yatsının sünnetlerini saymazsak otuz iki olur. Yalnız farzları nazar-ı dikkate alırsak on yedi rek'at eder.

lâzımlarına mâlik olan en kuvvetli ve en mükemmel bir mürebbî demektir.

Âlemîn (âlemler); canlı cansız, gördüğümüz ve görmediğimiz bütün varlık âlemi demektir.

Rahmân; burada Allah'ın ikinci sıfatı olup pek merhametli, sonsuz ve umumi rahmet sahibi demektir.

Başka bir deyişle Rahmân; her mevcûda yaratılışının icab ettirdiği gayeye göre birtakım kabiliyetler veren, şahsının ve nev'inin yaşaması için gereken her şeyi hepsine birden -bunların isteyip istemediğine, çalışıp çalışmadığına, îmanlı veya îmansız olduğuna bakmayarak- vermiş olan ezelî, geniş, sonsuz rahmet sahibi demektir.

Binâenaleyh, Rahmân olması bakımından, Allah'ın rahmeti o kadar geniş ve umûmîdir ki, hiçbir mevcut O'nun dışında kalamaz. Âlemde her şeyin ilk olarak varlığı da, varlığın bekâsı da yalnız Allah iledir. Her şeye varlık veren ve varlığını devam ettirecek nice nice nîmetler bağışlayan O'dur. Bunları verirken canlıyı cansızdan, îmanlıyı îmansızdan ayırt etmemiştir. Yarattığı her mevcûda, yaşaması için gereken şeyleri daha önceden vermiştir. Çünkü Allah, Rahmân sıfatıyla muttasıftır. Rahmân, O'nun Esmâ-i Hüsnâ'sındandır.

Rahîm; çok merhamet edici demektir. Bu da, Allah'ın üçüncü sıfatıdır. Bu da çok merhametli manasına ise de bu, daha husûsî bir mahiyettedir. Allah'ın Rahîm sıfatıyla muttasıf olmasından şunu anlıyoruz ki: Akıl ve iradeye, iyiyi kötüden seçmek kudretine malik olarak yaratmış olduğu insanlara, Allah'ın sonraki nîmetleri bir değildir ve bir olmayacaktır. Allah'ın bu nimetlerine kavuşmak için her şeyden evvel, insanın iradesini sarf ederek çalışması, Allah'ın gösterdiği yoldan yürümesi şarttır. Herkes kazancına bağlıdır. Amma Allâh isterse, onun bir amelini bin bir mükâfât ile de karşılar. Bu da Rahîm sıfatının muktezâsıdır.

Mâliki yevmi'd-dîn: Allah, Din Günü'nün Mâliki'dir. Bu da Sûre-i celîlede Allâh'ın dördüncü sıfatıdır. Din Günü, cezâ ve mükâfatın tahakkuk edeceği son gün, yani âhiret günü demektir.

Fâtiha'nın başında "Öğmek, öğülmek yalnız Allah'a mahsustur" denildikten sonra, Allah'ın bu dört sıfatının böylece arka arkaya getirilmesi, en yüksek saygı ile tâzimin, en ciddî bir öğmenin neden dolayı Allah'a has olduğunun hikmet ve manasını da açıkça göstermektedir. Şimdi mana şu demek olur: "En yüksek hürmet ve tâzim, öğmek ve öğülmek yalnız Allah'ın hakkıdır. Çünkü O, Rabbu'lâlemîndir. Çünkü O, Rahmân'dır, Rahîm'dir. Çünkü O, Din Günü'nün Mâliki'dir."

"**Din Günü'nün Mâliki'dir**: Mâliki yevmi'd-dîn" âyet-i celîlesi, şunu da haber veriyor ki; Allahu Teâlâ insanın yaptığı her iyi işi mutlaka âhirette mükâfatlandırır; fakat günâh işleyenlere de isterse adı ile muamele ederek cezâ verir, isterse lütfuyla muamele ederek cezâlandırmaz. Çünkü Allah, mutlak Mâlik ve Hâkim'dir; kendisine karşı işlenen bir günahı affetmek hususunda adâlet kaydıyla bağlı değildir.

İşte Fâtiha'nın ilk kısmında Allah'ın: "Rabb, Rahman, Rahîm, Din Günü'nün Mâliki" olduğu böylece haber verildikten sonra böyle bir Allah karşısında kulun ne yolda hareket etmesi gerektiği de şöyle tâlim olunuyor:

"**İyyâke na'büdü ve iyyâke nestaîn**: İlâhî! Yalnız Sana ibadet ve kulluk ederiz, ancak Sen'den yardım isteriz. Bizi doğru yola, nîmetine eren, azıp sapmamış ve gazabına uğramamış olan o bahtiyarların yoluna hidayet et, o yolda götür."

Fâtiha'nın bu âyeti, insana tam bir istiklâl ve hürriyet rûhu telkin etmektedir. Demek ki; hakikî bir mü'min, yalnız Allah'ına ibadet edecek, yalnız O'ndan yardım isteyecek, başka hiçbir kimsenin kulu kölesi olmayacaktır.

İnsanın, kendisi gibi insanlara kulluk etmesi, kendi gibi bir insanı putlaştırması, onlardan merhamet dilenmesi insanlık asâletine yakışmayan bir zillettir. Fâtiha'nın bu âyeti bunu en beliğ, en veciz bir ifade ile telkîn etmektedir.

Bu âyetlerin tertibi de dikkate değer: "Allah'ım! Yalnız Sana ibâdet ederiz, ancak Sen'den yardım isteriz" denilmekle Allah'tan yardım istemenin evvelâ irâdesini sarf ederek Allah'a ubûdiyet ve kulluğunu yaptıktan sonra olabileceği anlatılmış oluyor. Demek ki, Allah'ın nîmetlerinden tamamıyla faydalanabilmek, O'nun gösterdiği yolda yürümekle olabilecektir. "Yâ Rabb! Yalnız Sana ibâdet ve kulluk eder ve yalnız Sen'den yardım isteriz" demekle evvelâ O'nun yolunda yürüyerek çalışacağımıza söz vermiş ve bu çalışmamızda yardım istemiş oluyoruz.

"İhdina's-sırâta'l-müstakîm: Yâ Rab! Bizi doğru yola hidâyet et, ilet."

Bu âyetle bundan sonraki âyet, Allah'tan isteyeceğimiz yardımın ne olduğunu ve ne için yardım istediğimizi beyan ediyor, açıklıyor. Bunlardan anlaşılıyor ki: "Allah'tan istenilecek en büyük yardım, Allah'ın nîmetlerine eren mes'ut kimselerin yürüdükleri dümdüz ve dosdoğru yolu bize buldurmasıdır." Bize o yolu göstermesi ve o yoldan yürütmesidir. Allah'ın birliğine ve O'ndan başka ibâdete lâyık bir İlâh olmadığına inanmış olan bir mü'min Allah'tan daima kendisini bu doğru yola hidayet etmesini isteyecektir. Çünkü Allah'ın nîmetlerinden dünya ve âhiret saâdetinden kıymetli ve daha yüksek bir şey yoktur. Bunlar da ancak bu doğru yolda yürümekle elde edilebilecektir. Bu doğru yolun Kur'an, İslâm ve Peygamber'in gösterdiği yol olduğu söylenmiştir.

Görülüyor ki; bu âyetler bizi hayat yoluna irşad ediyor, Allah'ın nîmetlerine nasıl erişebileceğimizi anlatıyor. İlim, san'at, irfan, medeniyet ve servet, bunlardan hepsi, bu dünyada insanların can attıkları nîmetlerdendir ve işte bütün bunlar, Allah'ın gösterdiği doğru yoldan hiç sapmadan yürümekle elde edilebilecektir; bu âyetlerden anlaşılan hakikat budur. Şimdi Fâtiha Sûresi'nin genişçe bir meâlini, manasını verelim:

"Öğmek, öğülmek, en yüksek saygı ve tâzim, yalnız Allâh'ın hakkıdır, O'na mahsustur. O Allah ki, görünen ve görünmeyen, bilinen ve bilinmeyen, canlı ve cansız bütün varlık âlemini yoktan var ederek terbiye eden, yavaş yavaş yükselten, besleyip büyüten ve böylece her şeyi kemâline eriştiren mutlak kudret sâhibidir.

O Allâh ki, Rahmân'dır; çok merhametlidir. Yarattıklarının hepsine şahsını ve nev'ini muhafaza edecek her türlü kabiliyetleri, varlığını devam ettirebilmek için muhtaç olduğu her şeyi evvelâ hepsine müsâvî olarak vermiştir. Bunları verirken akıllıyı akılsızdan, îmanlıyı îmansızdan, çalışanı çalışmayandan ayırt etmemiştir. Her bir mevcut, istemeden ve kendi çalışması olmadan hayat nîmetine ve o nîmeti devam ettirecek diğer vasıtalara başvurmuştur.

O Allah ki, Rahîm'dir; akıl ve irade ile başkalarından üstün kıldığı insanlara, sonraki ve hele âhiret nîmetlerini herkesin çalışmasına, kazancına, îman ve ameline bağlamıştır.

O Allah ki, dünyada hayır yolunu tutanları âhirette hayır ile mükâfatlandırmak; buyruklarına aykırı olarak şer yolunu tutanları da cezalandırmak kudretine sahiptir; âhirette herkesi, dünyadaki ameline göre cezâlandırmaktan âciz değildir. Kendisine karşı gelmiş olanların günahlarını affetmek de elindedir. İşte Allah, böyle bir Allah'tır.

Ey bu sıfatlarla muttasıf olan Allah'ım! Sen birsin; yalnız Sana ibâdet ve kulluk ederiz ve işlerimizde ancak Sen'den yardım isteriz. Bizi doğru yola, nîmetine eren, azıp sapmamış ve böylelikle Sen'in gazabını üzerine çekmemiş olan o bahtiyar ve mes'ut insanların yoluna hidâyet et, o yola ilet, o yoldan yürüt. (Duamızı kabul eyle Allah'ım!)"

سُورَةُ الْفِيلِ

FİL SÛRESİ

بِسْمِ اللّٰهِ الرَّحْمٰنِ الرَّح۪يمِ

اَلَمْ تَرَ كَيْفَ فَعَلَ رَبُّكَ بِاَصْحَابِ الْف۪يلِ ﴿١﴾ اَلَمْ يَجْعَلْ
كَيْدَهُمْ ف۪ي تَضْل۪يلٍ ﴿٢﴾ وَاَرْسَلَ عَلَيْهِمْ طَيْرًا اَبَاب۪يلَ ﴿٣﴾
تَرْم۪يهِمْ بِحِجَارَةٍ مِنْ سِجّ۪يلٍ ﴿٤﴾ فَجَعَلَهُمْ كَعَصْفٍ مَاْكُولٍ
﴿٥﴾

"Bismillâhi'r-Rahmâni'r-Rahîm.

Elemtera keyfe fe'ale Rabbüke bi-ashâbil-fîl. Elem yec'al keydehüm fî tadlîl. Ve ersele 'aleyhim tayran ebâbîl. Termîhim bi-hıcâratin min siccîl. Fece'alehüm ke'asfin me'kûl."

"Rahman ve Rahim olan Allah'ın adı ile. Görmedin mi, nasıl etti Rabb'in Fil sahiplerine? Fendlerini, tedbirlerini (kötü düşüncelerini) bozup büsbütün perişan kılmadı mı? Üzerlerine sert taşlarla atış eden, sürü sürü kuşlar saldı da, hemen onları bir yenik hasıl (güve yiyip tanesiz kalmış ekin yaprağı, saman) gibi kılıverdi."

Bu sûre, büyük bir olayı hatırlatmaktadır. Mîlâdın 570'inci senelerinde Habeşistan'ın Yemen Vâlisi Ebrehe, San'a'da büyük bir kilise yaptırarak Arapların yalnız en büyük mâbet olarak bu kiliseyi tanımalarını ve her yerden burayı ziyarete gelmelerini sağlamaya çalışmış ise de, onları Mekke'deki Kâbe'den bir türlü çevirememişti.

Bunun üzerine Kâbe'yi yıkıp yerini belirsiz etmeye karar verdi. Fillerle de kuvvetlendirdiği büyük bir ordu ile Mekke'ye yürüdü ve bir gün Mekke'nin yakınlarında karargâhını kurdu. Bunu gören ve maksadını anlayan Mekkeliler, dağlara çekildiler. Çünkü karşı koyacak hiçbir kuvvetleri yoktu.

Ebrehe ordusu yürüdü. Mekke'ye yaklaşınca birdenbire muhtelif cihetlerden alay alay, bölük bölük kuşlar peyda oldu ve gökyüzünü kapadı ve bunlar Ebrehe'nin askeri üzerine sert taşlarla atış ettiler. Bu kuşların attıkları taşlar kime değmiş ise vücudu delik deşik bir hâle gelmiş ve böylece Ebrehe ordusu neye uğradığını bilmeyerek perişan olmuş, vâdiler lâşe ile dolmuş ve Kur'an'ın tasvir ettiği gibi Ebrehe ordusu yenik bir hasıl gibi olmuştur. Böylece Ebrehe ordusu için Mekke'ye girmek nasip olmadı, kendileri yok oldu, fakat Kâbe yine dimdik durdu ve kıyamete kadar da öylece duracaktır.

İşte bu sûrenin hatırlattığı olay, bu İlâhî mûcizedir. Peygamber Efendimiz de bu yıl doğmuştu. İbrahim Peygamberden beri Tevhîd mâbedi olan Kâbe, sonradan putlarla dolmuştu. Fakat bu İlâhî mâbed, Hazret-i Muhammed Mustafâ eliyle yine eski mevkiini alacak, Tevhîd dîninin ve Müslümanlığın kıblesi, baş mâbedi olacaktı, Allah böyle dilemişti. Ebrehe ise, burasını yok ederek sapıklık dînini, putperestliği daha kuvvetli bir sûrette yaşatmak istiyordu. Onun için Tevhîd dînini bütün dünyaya yayacak olan Hazret-i Muhammed'in doğduğu sene Cenâb-ı Hak İlâhî bir mûcize ile Ebrehe ordusunu yok ediverdi. Allah'ın iradesine aykırı olan bu kötü düşünceleri, kendi felâketlerini hazırlamış olmaktan başka işe yaramadı.

Bu olaydan kırk sene sonra Hazret-i Muhammed Mustafâ Peygamber oldu ve evvelâ Kureyş'i dîne dâvet etti. Kâbe'yi putlardan temizlemek istedi. Fakat Kureyş, bunu kabul etmedikleri gibi fazla olarak O'na birçok eza ve cefa da yaptılar. O zaman Mekkelilerden bu olayı gözleriyle görmüş olanlar da vardı.

İşte, Cenâb-ı Allah, Peygamberine indirmiş olduğu Fil Sûresi ile bu gerçeği onlara hatırlatmak istemiştir. Şimdi bu sûrenin geniş mânâsı şu demek oluyor: "Yâ Muhammed! Görmedin mi? Gözünle görmüş gibi gerçekten bilmiyor musun? Kâbe'yi yıkmak için filleri ile Mekke'ye yürüyen orduyu senin Rabb'in nasıl bir anda ve hatıra gelmeyen bir şekilde mahvetti. Onların tedbirlerini, kötü düşüncelerini, fendlerini, düzenlerini, kurdukları tuzakları nasıl altüst edivermiş ise, kudret ve kuvvetlerine güvenen koca bir orduyu kimsenin düşünemeyeceği bir şekilde nasıl yok etmiş ise sevgili Peygamberim, bugün sana tuzak kurmayı, seni yok etmeyi düşünen, Tevhîd dînini, Müslümanlığı ortadan kaldırmak için birçok tedbirlere, şeytanî fikirlere başvuran kimselerin plânlarını ve tedbirlerini de öylece ters çevirmeye kadirdir. Senin Rabb'in, âhiret azâbından başka dünyada dahi kurumları bozup dağıtmaya kaadirdir. Buna inanmayanlar, Kâbe'yi yıkmak isteyen ordunun başına geleni düşünsünler de ondan ibret alsınlar ve azgınlıklarından vazgeçsinler! Allah'ın sana olan inâyeti Kâbe'ye inâyetinden daha ziyadedir. Bunu anlamak istemeyenlerin başına gelecek felâket, Fil'li ordunun başına gelenden daha hafif olmayacaktır."

Bu sûre ile Peygamberimiz Muhammed Mustafa sallallâhu aleyhi ve sellem Efendimize düşmanlık yapanların, ona karşı kötü niyet besleyenlerin erinde gecinde yok olacaklarına işaret olunmuş ve nasıl ki öyle de olmuştur.

سُورَةُ قُرَيْشٍ

KUREYŞ SÛRESİ

بِسْمِ اللّٰهِ الرَّحْمٰنِ الرَّح۪يمِ

لِإِيلَافِ قُرَيْشٍۙ ﴿١﴾ اِيلَافِهِمْ رِحْلَةَ الشِّتَٓاءِ وَالصَّيْفِۚ ﴿٢﴾
فَلْيَعْبُدُوا رَبَّ هٰذَا الْبَيْتِۙ ﴿٣﴾ اَلَّذ۪ٓي اَطْعَمَهُمْ مِنْ جُوعٍ
وَاٰمَنَهُمْ مِنْ خَوْفٍ ﴿٤﴾

"Bismillâhi'r-Rahmâni'r-Rahîm.

Li îlâfi kurayş. Îlâfihim rihlete'ş-şitâi ve's-sayf. Felya'büdû Rabbe hâze'l-beyt. Ellezî et'amehüm min cû'ın ve âmenehüm min havf."

"Rahman ve Rahim olan Allah'ın adı ile. Kureyş'in birbirleriyle veya başkalarıyla andlaşması, anlaşması için; hele yaz ve kış seferlerine (faydalandıkları) andlaşması için, onlar (Kureyş) bundan böyle bu evin (Kâbe'nin) sahibine (Allah'a) ibâdet etsinler; – O (sahip) ki, onları büyük bir açlıktan kurtardı ve müthiş bir korkudan emin kıldı."

Kureyş, Arapların en asîl kabilesi ve Hazret-i Peygamber Efendimiz de bu kabileden idi. Kâbe'yi gözetleyip koruyan da bunlardı. Araplar, Kâbe'nin koruyucuları olmalarından ötürü, Kureyş'e çok saygı gösterirlerdi. Kureyş, yaz ve kış seyahatlerinde de Kâbe'nin yüzü suyu hürmetine kimseden bir zarar görmezler; herkesle anlaşmalar, andlaşmalar yaparak serbest serbest seyahat ederler ve böylece hem maddî hem de manevî nüfuzlarını koruyarak emniyet içinde yaşarlardı. Yakınlarındaki memleketlerde halk türlü vahşet ve şekavet içinde vurulup çarpılıp dururken Kureyş kabilesi Mekke ve etrafında emniyet içinde yaşadıkları gibi, Yemen, Tâif ve Habeş gibi memleketlere yaptıkları ticaret seferlerinde de saygı görüyorlar, emniyetle gidip geliyorlardı. Mekke'nin ve Kureyş kabilesinin kazandığı bu yüksek nüfuz, bu emniyet ve itibar şüphe yok ki orada bulunan ve Allah tarafından büyük bir şeref kazanmış olan Kâbe'nin yüzü suyu hürmetine idi. Bütün bunları Kâbe'ye ve bunun sahibi olan Allah'a borçlu idiler.

Sonra bu mukaddes ev, içine putlar doldurulsun diye değil, bir tek Allah'a ibâdet olunsun için kurulmuştu ve Allah'ın onu Ebrehe ordusunun taarruzundan koruması da ileride gelecek olan Peygamber Hazret-i Muhammed (aleyhi's-selâm)'in o evi putlardan temizleyerek Tevhît dîninin merkezi yapacağı içindi. Ve yarım asır evvel Fil'li ordunun başına neler geldiğini de Kureyş pekâlâ biliyordu. O hâlde Kureyş'e yaraşan, Kâbe niçin kurulmuş ise, o maksat ve gayeyi belirtmesi için onu temizlemek üzere gönderilmiş olan Hazret-i Muhammed (aleyhi's-selâm)'e inanmak ve ona arka çıkmaktı. Allah'ın birliğine îman ile Tevhîd dînine ilk önce onların sarılması gerekti. Hâlbuki Kureyş böyle yapmadı. Hazret-i Muhammed (aleyhi's-selâm)'in Allah'ın birliğini ilân etmesine karşı putperestlikle ısrar etmek isteyerek ilk önce küfür ve isyana kalkışan, düşmanlık gösteren onlar oldu. Bu ise bir nankörlük idi.

İşte bu sûrede Cenâb-ı Hak, Kâbe yüzünden Kureyş'in gördüğü bu nîmetlere ve bunlara karşı nankörlük etmenin büyük bir ceza ve felâketle karşılaşacağına işaret buyurduktan sonra; "Öyle ise aklınızı başınıza alın da sizi bu mukaddes evin yüzü suyu hürmetine felâketlerden kurtaran, açlıktan koruyan, korkulardan emin kılan bir Allah'a ibadet ve kulluk edin! Putlara tapmayın, Allah'ın size verdiği bu kadar nîmete karşı nankörlük etmeyin!" buyurmuştur.

Bu sûreden şunu da anlıyoruz ki, gördüğü nîmetlere, iyiliklere karşı nankörlük etmek insanlığa yakışmayan en bayağı bir şeydir. Kadri kıymeti bilinmeyen nîmet de günün birinde elden çıkar. Sonra, her nîmet başı Allahu Teâlâ olduğu için her insanın birinci vazifesi,

Allah'ı tanımak ve yalnız O'na ibadet etmektir. O'ndan başka ibadete lâyık yoktur.

سُورَةُ الْمَاعُونِ

MÂÛN SÛRESİ

بِسْمِ اللّٰهِ الرَّحْمٰنِ الرَّح۪يمِ

أَرَاَيْتَ الَّذ۪ي يُكَذِّبُ بِالدّ۪ينِۜ ﴿١﴾ فَذٰلِكَ الَّذ۪ي يَدُعُّ
الْيَت۪يمَۙ ﴿٢﴾ وَلَا يَحُضُّ عَلٰى طَعَامِ الْمِسْك۪ينِۜ ﴿٣﴾ فَوَيْلٌ
لِلْمُصَلّ۪ينَۙ ﴿٤﴾ اَلَّذ۪ينَ هُمْ عَنْ صَلَاتِهِمْ سَاهُونَۙ ﴿٥﴾ اَلَّذ۪ينَ
هُمْ يُرَٓاؤُ۫نَۙ ﴿٦﴾ وَيَمْنَعُونَ الْمَاعُونَ ﴿٧﴾

"Bismillâhi'r-Rahmâni'r-Rahîm.

Eraeytellezî yükezzibü bi'd-dîn. Fezâlike'l-lezî yedü"ul-yetîm. Ve lâ yehuddu 'alâ ta'âmi'l-miskîn. Feveylün lil-müsallîn. Ellezînehüm 'an salâtihim sâhûn. Ellezînehüm yürâûn. Ve yemne'ûne'l-mâûn."

"Rahman ve Rahim olan Allah'ın adı ile. Gördün mü o, dîne (ceza gününe ve âhirete) inanmayanı? İşte hak dîne ve ceza gününe inanmayan, o kimsedir ki: Öksüzü itip kakar, çaresizin ve yoksulun yiyeceğine dair teşvikte bulunmaz; ne kendisi doyurur, ne de başkalarının doyurması için kayırır. Vay o namaz kılanların hâline ki, onlar namazlarını

gereği gibi ciddi bir vazife olarak yapmazlar. Onlar ki gösteriş için yaparlar ve yardımlığı sakınırlar (kimseye bir damla şey vermek istemezler.)"

Bu sûre bize şunları bildirmektedir: İnsanlar, yaptıkları iyilik veya kötülüğün karşılığı olarak mükâfat veyahut ceza göreceklerdir. Herkesin bir gün olup da ettiklerini bulmaları Allahü Teâlâ'nın inanılması gerekli kesin kanunu, hak dînidir.

Buna inanmayıp da "Dînin aslı yoktur; öldükten sonra ettiklerimizin mükâfatını veya cezasını göreceğimiz de yalandır" diyen adamların bulunması şaşılacak şeylerdendir ve düşüncesizliktir.

Âhirete, cezâ gününe inanmayanlar öyle kimselerdir ki: Onlar öksüzü itip kakar; kendisinde Allah korkusu olmadığı için yüreği katıdır; zayıflara insaf ve merhamet etmeyerek onları kakıştırır; onlara hakaretle bakar; kovar ve azarlar. Bu, onların âdetlerindendir. Demek ki bu huylar, âhirete îmansızlık alâmetlerindendir.

Sonra böyleleri, çaresizlerin ve yoksulların hâline, yiyeceklerine dair başkalarına bir teşvikte de bulunmazlar. Bunları hiç düşünmezler. Ne kendileri doyurur, ne de vakti hâli yerinde olanların bakıp gözetmeleri için kayırır, tavsiye ve yardımlarda bulunur. Hiçbir suretle fakir ve düşkünlerin hâlini düşünmez, böylelerine bakmaz ve bakılmasına taraftar olmaz. İşte bu gibi insafsızlıklar dîne ve âhirete inanmayan kimselerin huyudur. Bu kötü huylar onlar için tabiîdir.

Fakat asıl şaşılacak şey, dindar görünenlerin bu kötü huylarla huylanmalarıdır. Bu sûre bize şunu da tâlim ediyor ki: Dînin rûhu, Allah'ın buyruklarına üstün bir saygı ile bağlanmaktır. Namaz da dînin direğidir. Namaz kılmak, Allah'ın huzurunda durmaktır. Böyle yüksek bir huzurda olduğunu düşünmeyerek, namazın önemini takdir etmeyerek baştan savma yapmak, yahut Allah için ve temiz bir niyetle kılmayıp dünyevî bir fayda düşüncesiyle ve başkaları görsün diye kılmak; malının zekâtını vermemek ve hatta kimseye bir yardımda bulunmamak ve nekeslik etmek, Allah yanında büyük bir cezaya sebeptir.

Bunların bu hâlleri, dinsiz ve îmansız olanların, yetimi itip kakıştırmasından, fakirlere, düşkünlere yardım etmemesinden daha ziyade kötüdür ve yazık bu gibilere.

سُورَةُ الْكَوْثَرِ

KEVSER SÛRESİ

بِسْمِ اللّٰهِ الرَّحْمٰنِ الرَّح۪يمِ

اِنَّٓا اَعْطَيْنَاكَ الْكَوْثَرَۜ ﴿١﴾ فَصَلِّ لِرَبِّكَ وَانْحَرْۜ ﴿٢﴾ اِنَّ شَانِئَكَ
هُوَ الْاَبْتَرُ ﴿٣﴾

"Bismillâhi'r-Rahmâni'r-Rahîm.

İnnâ a'taynâ ke'l-kevser. Fesalli li-Rabbike ve'nhar. İnne şâni'eke hüve'l-ebter."

"Rahman ve Rahim olan Allah'ın adı ile. Biz verdik sana (Yâ Muhammed) hakikatte Kevser. Sen de Rabb'in için namaz kıl ve kurban da kesiver. Doğrusu, asıl ebter sana buğz eden (hınç besleyen, diş bileyen)in kendisidir."

Kur'an'da lâfız bakımından en kısa, mana cihetinden çok geniş sûre budur. Mekke'de nazil olmuştur. Müslümanlar ilk devirlerinde hem azınlıkta, hem de fakir idiler. Peygamber Efendimizin erkek çocukları da o sıralarda ölmüştü. Arap putperestleri bunları Müslümanlık için birer kusur sayarak onlarla alay ederlerdi. "Eğer Muhammed hak Peygamber ve getirdiği din de İlâhî bir din olsaydı herkes bu dîne giriverirdi. Ve Muhammed'in arkasına adını andıracak bir erkek evlâdı kalırdı. Adını sanını yaşatacak bir evlâdı bile yok!" diyerek halkı Müslümanlıktan soğutmaya çalışıyorlardı. (Arkasına erkek evlâdı kalmamış olanlara Araplar ebter derler ki, güdük kaldı, arkasından adını anacak kalmadı, demektir) İşte bütün bunların birer dedikodudan ibaret olduğunu bildirmek için Allahu Teâlâ bu sûreyi inzal buyurdu ve bununla Peygamber'e ve müslümanlara büyük bir müjde verdi.

Allahu Teâlâ buyuruyor ki: "Yâ Muhammed! Muhakkak ki biz sana Kevser verdik. Sen bundan dolayı Allah'a şükret, ibadet et..." Acaba Kevser ne demektir? Bunun pek çok manaları vardır. Birkaçını burada gösterelim:

Kevser, bitmek tükenmek bilmeyen saadet ve hayır kaynağıdır.

Kevser, geçtiği her yere, kupkuru bir çöl dahi olsa, taze bir hayat sağlayan, oranın kısırlığını, yoksulluğunu feyiz ve berekete çeviren Cennet ırmağıdır.

Kevser, bütün dünyaya feyiz ve bereket getirecek, dünyayı baştan başa yenileyecek bir ilim, hikmet, fazilet deryasıdır.

Kevser, bütün beşeriyet için bir saadet ve selamet kaynağı olan Peygamberlik rütbesidir.

İşte Kevser'in böyle birçok manaları vardır. Bütün bu manaları göz önünde tutarak bu sûrenin manasını şöyle izah edebiliriz:

"Habîbim! Ben sana öyle bir rütbe, öyle bir din verdim ki: O, çölün ortasından fışkıran ve rastgeldiği her şeye yeni, taze, ebedî bir hayat veren suyu bol bir ırmak gibidir. Bu manevî ve İlâhî kaynaktan fışkıran feyiz ve bereket, hayır ve fazilet hiç kesilmeden akacak ve sınırlarını genişleterek beşeriyetin vicdanını çöl kısırlığından kurtaracak, onu yepyeni bir hayata kavuşturacak ve kıyamete kadar hiçbir engel onun akışını durduramayacaktır. Böylece senin adın sanın da her zaman ve her yerde söylenecek, kalplerde yaşayacak, dînin dünyaya yayılacaktır. Dünyada olduğu gibi âhirette de Kevser nîmeti, Kevser ırmağı sana verilecektir. O'nun sahibi sen olacaksın ve ondan kana kana içenler mes'ut ve bahtiyar olacaklardır.

Şunu kesin olarak bil ki: Güdük kalacak, sonu gelmeyecek, adı sanı unutulacak olan sen ve senin dînin değil, asıl sana ve senin dînine düşman olanların kendileridir. Onların soyu sopu kalmayacaktır. Öyle ise bu büyük nîmeti sana veren Rabb'in için, evet yalnız

O'nun için namaz kıl, ihlâs ve tam bir bağlılık ile ibadet et, kurban da kes; kulluğunu göster."

İşte bu İlâhî hitap, daha ortada bir şey yok iken Müslümanlığın dünyaya nasıl yayılacağını, onun nasıl bir saadet ve fazilet kaynağı olduğunu, bu dîne düşman olanların her zaman ve her yerde ebter ve güdük kalacaklarını, dünyada nam ve nişanları kalmayacağını haber veriyor ve Peygamber'in de kıyâmete kadar adının anılacağını, dünyada olduğu gibi âhirette de Kevser nîmetinin kendisine verildiğini müjdeliyordu. Nasıl ki öyle olmuştur ve öyle olacaktır.

Bu tükenmek bilmeyen nîmete karşı Cenâb-ı Hakk'ın namaz ve kurban ibadetleri ile emir buyurması, bu ibadetlerin Allah yanındaki yüksek mevkilerini ve önemini gösterir.

سُورَةُ الْكَافِرُونَ

KÂFİRÛN SÛRESİ

بِسْمِ اللّٰهِ الرَّحْمٰنِ الرَّح۪يمِ

قُلْ يَٓا اَيُّهَا الْكَافِرُونَۙ ﴿١﴾ لَٓا اَعْبُدُ مَا تَعْبُدُونَۙ ﴿٢﴾ وَلَٓا اَنْتُمْ
عَابِدُونَ مَٓا اَعْبُدُۚ ﴿٣﴾ وَلَٓا اَنَا عَابِدٌ مَا عَبَدْتُمْۙ ﴿٤﴾ وَلَٓا اَنْتُمْ
عَابِدُونَ مَٓا اَعْبُدُۜ ﴿٥﴾ لَكُمْ د۪ينُكُمْ وَلِيَ د۪ينِ ﴿٦﴾

"Bismillâhi'r-Rahmâni'r-Rahîm.

Kul yâ eyyühe'l-kâfirûn. Lâ a'büdü mâ ta'büdûn. Ve lâ entüm 'âbidûne mâ a'büd. Velâ ene 'âbidün mâ 'abettüm. Velâ entüm 'âbidûne mâ a'büd. Leküm dînüküm veliye dîn."

"Rahman ve Rahim olan Allah'ın adı ile. De ki: Ey kâfirler! Tapmam o taptıklarınıza. Siz de tapanlardan değilsiniz benim Mabudum (Allah)'a. Hem ben tapıcı değilim sizin taptıklarınıza. Hem de siz tapıcı değilsiniz benim ibâdet ettiğim (Allah)'a. Size dîniniz, bana da dînim."

Bu sûreye, Kâfirûn sûresi denir. "De ki" buyruğu, Peygamberimizedir. Mekke devrinde nazil olmuştur. Peygamber Efendimiz

Allah'tan aldığı buyrukları, çok yumuşak bir şekilde söylemeye memur idi. Hâlbuki bu sûreyi tebliğ ederken, "Ey kâfirler?" diye en ağır bir vasıfla başlaması için emir alıyor. Çünkü bu sûrede kendilerine "Ey kâfirler!" diye söylenilen kimseler hakka karşı besledikleri kinlerini, gayızlarını ve öfkelerini bir türlü gideremeyen, tuttukları kötü yoldaki inatlarından vazgeçmeyen ve îmana gelmeyecekleri, Allah'ın katında belli bulunan kimselerdir ki "küfür" bunlar için değişmez bir vasıftır. Binâenaleyh, buradaki kâfirlerden maksat, Kureyş'ten muayyen kimselerdir.

Peygamber Efendimiz İslâm davasını, bir tek Allah'a îman ve ibâdet etmek akîdesini ortaya atıp da; "Ey insanlar, bu putlara tapmayı bırakın, Allah'ın bir olduğuna îman ve yalnız O'na ibâdet edin, O'ndan başka ibâdete lâyık bir İlâh yoktur" dediği zaman, Kureyş ona şöyle karşı koydular: "Biz, dedelerimizden kalan putlarımızı bırakamayız. Biz, onlara tapmak suretiyle asıl Allah'a, yeri göğü yaratana yaklaşabileceğiz. Atalarımızın yolundan ayrılıp da senin peşinden gidemeyiz."

Allah'a birtakım ortak isnat eden, Allah'ı bırakıp da kendi elleriyle yaptıkları putlara tapan bu müşrikler fikirlerinde o kadar inat ve ısrar ettiler ki, kendilerini doğru yola çağıran Peygambere ve ona îman edenlere yapmadık eziyet bırakmadılar. Peygamber Efendimiz de hiç durmadan ve yılmadan vazifesine devam ediyordu.

En sonra Kureyş'in azılılarından beş on kişi Peygamberimize gelerek şöyle bir teklifte bulundular: "Sen bu davadan vazgeç, biz sana istediğin kadar mal verelim, seni kendimize reis yapalım. Eğer buna da razı olmazsan seninle bir uzlaşma yapalım: Sen bazan bizim putlarımıza tap, biz de ara sıra senin Allah'ına tapalım. Böylece hayır ve selâmet hangisinde ise ona hepimiz kavuşmuş oluruz."

Kalbleri kararmış olan bu zavallılar Peygamberlik ne demek olduğunu bir türlü anlayamıyorlardı. Bilmiyorlardı ki: "Hazret-i Muhammed (aleyhi's-selâm) bu ilâhî davasından, bu hak yolundan asla dönemezdi. Hiçbir sebep ve menfaat onu yolundan çeviremezdi. Çünkü o, maddî bir menfaat, bir şöhret peşinde koşmuyordu. O, Allah'ın bir elçisi idi ve O'nun namına hareket ediyordu.

İşte müşriklerin böyle söylemeleri üzerinedir ki, Allah bu sûreyi Peygamberine indirdi ve onlara verilecek cevap, bu sûreyi okumak olduğunu bildirdi. Peygamber Efendimiz de onların yukarıdaki ahmakça tekliflerine cevap olarak bu sûreyi okudu. Bununla onlara bir kere daha anlattı ki: "Ey Allah'a inanmayan ve O'na ortaklar yapan ve putlara tapan kâfirler! Ben Allah'ın Peygamberiyim; sizi hak yoluna çağırmaya memurum; bu benim kendi davam değildir. Size ancak Allah'ın emirlerini söylüyorum. Allah'tan nasıl almış isem öylece size tebliğ ediyorum, bildiriyorum. Sizin teklifiniz, cahilce, ahmakça, kâfirce bir tekliftir. Çünkü ben, sizin İlâh diye tapıp durduğunuz ve benim de bazı kere tapmamı istediğiniz o putlara ne geçmişte, ne şimdi, ne de bundan sonra bir an bile tapmadım, tapmayacağım ve tapmam. Ben, yalnız ve yalnız Rabbü'l-âlemin olan tek Allah'a ibâdet ederim. Esasen siz de benim ibadet ettiğim hak mâbuda, Allahu Teâlâ'ya ibadet edicilerden değilsiniz. Bugüne kadar O'na ibadet etmediğiniz gibi şimdi de O'na tapmıyorsunuz ve bu hâlinizle O'na tapıcı ve tapacak da değilsiniz. Çünkü O'nun birliğine ve ibadetin yalnız O'na olacağına, O'ndan başkasına tapmanın şirk ve küfür olduğuna îman etmediniz ve etmiyorsunuz. (Bazan putlarımıza, bazan da Allah'a tapalım) demek, Allah'ın bir olduğuna inanmamaktır. Binâenaleyh sizin taptığınız, benim ibadet ettiğim Allah olmadığı gibi, ibadetiniz de benim ibadetim değildir. Ben yeri göğü yaratan bir Allah'a, O'nun emrettiği gibi ibadet ediyorum; siz ise kendi elinizle yaptıklarınıza tapıyorsunuz. Mademki öyledir ve mademki sizde hakkı duymak istidadı yoktur; artık sizin olsun dîniniz ve taptıklarınız; hak İslâm Dîni de benimdir."

Bu sûreden şunları da öğreniyoruz: "Allah'a kulluğun şartı tam bir îman ve ihlâstır. Her şeyden önce O'nun bir olduğuna, sonsuz ve küllî kudretine; her tasarruf O'nun elinde olduğuna, eşi ve benzeri olmadığına inanmak lâzımdır. Fakat bu kadarı yetmez. Bundan sonra da O'na öz yürekle ibadet etmek, ibadetin de yalnız O'na olacağına inanmak ve ibadette O'na başkasını şerik yapmamak, canlı cansız, ne suretle olursa olsun başka birine tapmamak, tapınır derecede gönül vermemek gerektir. Yoksa hem Allah'a ibadet, hem de bizi Allah'a yaklaştırsın niyetiyle başkasına tapmak ve Allah'tan istenilecek şeyleri ondan istemek, îmansızlıktan başka bir şey değildir. Sonra îman demek, bir şeye sımsıkı sarılmak demektir. Bugün bir türlü, yarın başka türlü, her gün renkten renge girmek îman değildir.

Bu sûrenin sonunda "Sizin dîniniz size, benimki de bana" buyurulması müşriklerle bir mütareke yapmak değil, onlara tam bir meydan okumaktır.

سُورَةُ النَّصْرِ

NASR SÛRESİ

بِسْمِ اللّٰهِ الرَّحْمٰنِ الرَّح۪يمِ

اِذَا جَٓاءَ نَصْرُ اللّٰهِ وَالْفَتْحُ ﴿١﴾ وَرَاَيْتَ النَّاسَ يَدْخُلُونَ ف۪ي
د۪ينِ اللّٰهِ اَفْوَاجًا ﴿٢﴾ فَسَبِّحْ بِحَمْدِ رَبِّكَ وَاسْتَغْفِرْهُ اِنَّهُ كَانَ
تَوَّابًا ﴿٣﴾

"Bismillâhi'r-Rahmâni'r-Rahîm.

İzâ câe nasrullâhi ve'l-fethu. Ve raeyte'n-nâse yedhulûne fî dînillâhi efvâcâ. Fe sebbih bi-hamdi Rabbike vestağfirhu innehû kâne tevvâbâ."

"Rahman ve Rahim olan Allah'ın adı ile. Allah'ın (vaad eylediği) yardımı geldiği ve zafer kazanıldığı (Mekke'nin fethi ile İslâm'a fütûhat kapılarının açıldığı); ve insanların fevç fevç, küme küme Allah'ın dînine girdiklerini gördüğün zaman artık Rabb'ini överek şanını yücelt ve Allah'tan mağfiret iste. Çünkü O, tövbe ile kendisine dönenleri kabul eder."

Müslümanlar ilk devirlerinde hem az, hem fakir idiler. Düşmanların sayıları, kuvvet ve kudretleri ise onlarla ölçülemeyecek kadar çoktu. Bundan ötürü her vakit düşmanların maddî ve manevî ezici tazyiklerine uğruyorlar ve bu yüzden kalpleri hep üzüntü ve sıkıntı içinde geçiyordu.

Bir taraftan mü'minlerin bu hâli, diğer taraftan güneş gibi parlayan bu açık hakikatı görmeyerek Kureyş'in kendisini yalanlaması Peygamberimize de iç sıkıntısı veriyordu. Peygamber de mü'minler de öyle istiyorlar ki: Hak bâtıla tam bir galebe çalsın. Peygamberin güttüğü dava, Allah'ın yardımıyla bir an evvel kesin bir zaferle neticelensin. Allah'ın vaad buyurduğu bu zafer geçtikçe kalplerindeki sıkıntı, üzüntü ziyadeleşiyordu. Mutlak kemâl, yalnız Allah'a mahsus olduğundan vaad olunan bu zaferin ne zaman ve nasıl olacağını bilmiyorlardı. Efendimiz, bu zaferin er geç tahakkuk edeceğini biliyordu amma, onun bir an evvel tahakkukunu da istediğinden, bunun gecikmesi yüzünden kalbine gelen şeyleri Allah'a karşı bir günah gibi görür ve ondan Allah'a istiğfar ederdi. İşte bu sûre bütün bunlara cevap olmak üzere indirilmiş ve Peygambere de şöyle müjde verilmiştir:

"Yâ Muhammed! Bir gün, seni Peygamber ve elçi gönderen, senin yegâne Mâbud'un olan Allah'ın tam yardımı gelecek ve Allah seni düşman üzerine üstün kılacak, Mekke fetholunacak: Mekke'nin fethi ile kalpler İslâm'a ve İslâm kapısı da bütün insanlara açılarak[1] İslâm Dîni intişar edecek ve insanlar küme küme, alay alay İslâm Dîni'ne girecek ve sen bu üç büyük muvaffakiyeti göreceksin. İşte sen, Allah'ın sana vaad eylediği bu yardım ve fütûhatı ve insanların böyle fevç fevç Allah dînine girmeye başladıklarını gördüğün vakit, artık sana bu büyük nîmetler veren Rabb'inin büyük lütuf ve ihsanına mazhar olduğundan dolayı O'na lâyık her türlü saygı ve tâzimat ile hamdet; O'nu öğerek şanına yaraşmayan, eksikliği andıran her türlü şeylerden O'nu tenzih ve takdise daha ziyade devam et! Ve önce hatırınıza gelen sıkıntılardan dolayı da gerek kendin ve gerek ümmetin için Allah'tan mağfiret dile. Bütün kalb temizliğiyle Allâh'a dön. Zira Cenâb-ı Hak, tertemiz kendisine dönenleri affeder."

Bu sûre, Peygamberimiz sallallâhu aleyhi ve sellem'in nihayet böyle mansur ve muzaffer olarak kendisine fütûhat kapıları açıldığı ve halkın alay alay, akın akın Allah dînine girmeye başladıklarını gördüğü ve bu suretle din tekâmül edip de dünya kendisine teveccüh eylediği zaman bu muvaffakiyetlerden, bu büyük zaferden dolayı Allah'a şükrederek

1 Bu sûrenin Hayber'in fethinden sonra ve Mekke'nin fethinden evvel nazil olduğunu söyleyenler çoktur.

dünyayı ümmetine bırakıp bütün temizliğiyle Allah'a dönmeyi istemesine de işaret ediyordu. Onun için Mekke'nin fethinden sonra insanların bölük bölük İslâm Dîni'ne girdiğini ve Haccetü'l-Vedâ'da da yüz binden ziyade müslümanın Arafat dağında toplandığını gördükten sonra Cenâb-ı Peygamber Mevlâsına kavuşmasının yaklaştığını söylemişti. Çünkü bu sûre onu haber veriyordu.

Bu sûreden şunu da anlıyoruz: İnsan hayatta elde ettiği başarılardan, kazandığı zaferlerden dolayı daima Allah'a şükretmeli; onları Allah'ın bir lütfu sayarak hiç şımarmamalı ve Allah'ı unutmamalıdır. Allah'ı unutarak bütün başarıyı kendisine mal etmek, İlâhî kudretle beşerî aczi bilmemekten ileri gelir ki büyük bir gaflettir.

سُورَةُ الْمَسَدِ

TEBBET SÛRESİ

بِسْمِ اللّٰهِ الرَّحْمٰنِ الرَّحٖيمِ

تَبَّتْ يَدَآ اَبٖي لَهَبٍ وَتَبَّۜ ﴿١﴾ مَآ اَغْنٰى عَنْهُ مَالُهُ وَمَا كَسَبَۜ
﴿٢﴾ سَيَصْلٰى نَارًا ذَاتَ لَهَبٍۚ ﴿٣﴾ وَامْرَاَتُهُۜ حَمَّالَةَ الْحَطَبِۚ
﴿٤﴾ فٖي جٖيدِهَا حَبْلٌ مِنْ مَسَدٍ ﴿٥﴾

"Bismillâhi'r-Rahmâni'r-Rahîm.

Tebbet yedâ ebî lehebin ve tebb. Mâ ağnâ 'anhü mâlühû ve mâ keseb. Seyaslâ nâran zâte leheb. Vemraetühû hammâlete'l-hatab. Fî cîdihâ hablün min mesed."

"Rahman ve Rahim olan Allah'ın adı ile. Ebû Leheb'in iki eli kurudu, kendisi de (helâk oldu!). Ne malı fayda verdi ona, ne de kazandığı. O, (dünyada benzeri görülmemiş) bir alevli ateşe yaslanacak. Gerdanında hurma liflerinden bükülmüş bir iple odun taşıyan karısı da!"

Bu sûrede bahis konusu Ebû Leheb, Peygamberimizin öz amcasıdır. Fakat ne yazık ki bu, İslâm'ın en azılı düşmanlarından idi. Peygamber Efendimiz, yakınlarını İslâm'a dâvet etmek, İslâm'ın esaslarını onlara anlatmak üzere Allah'tan emir aldığı zaman hepsini bir yere topladı ve onlara "kendisini nasıl bildiklerini, söyleyeceği şeye inanıp inanmayacaklarını" sordu. Onlar da; "Seni çok doğru ve emin biliriz, ne söylersen doğru söylersin" dediler. Bunun üzerine Peygamber Efendimiz;

"Biliniz ki Allah beni size elçi gönderdi, en yakınlarıma kendi emirlerini söylememi ve dinlemeyenleri, âhiretin azabı ile korkutmamı emir buyurdu. Geliniz, evvelâ Allah'ın birliğine, O'ndan başka İlâh olmadığına ve benim hak Peygamber olduğuma ve âhiret gününe îman ediniz. Putlardan yüz çeviriniz. Böylece îman ederseniz selâmete erersiniz, kurtulursunuz. Allah'ı bırakıp da, birçok tanrılara ve putlara tapmak insanlığı alçaltmaktan, varlığını süflîleştirmekten başka bir şey değildir. İnsan yalnız Yaratana tapar, yalnız O'ndan yardım ister. Eğer böyle yapmaz ve beni dinlemezseniz sizin için Allah'ın azabından kurtuluş yoktur" dedi.

Peygamber Efendimizin öz amcası Ebû Leheb de bu toplantıda hazır bulunuyordu. Kendisi çok müteassıp bir müşrik ve putperest idi. Peygamber Efendimizin bu öğütlerini işitir işitmez, son derece öfkelendi ve ayağa kalkarak, "Yuh sana, bizi bunun için mi topladın?" dedi ve orada bulunan cemaati dağıttı; hepsini Peygamberin aleyhine kışkırttı; Kureyş kavmini ondan soğuttu. Bu kadarla da kalmayarak ondan sonra da, bir taraftan kendisi, bir taraftan karısı var kuvvetleriyle müslümanlar aleyhine çalışmaya başladılar. Peygambere yardım edeceği yerde O'nun aleyhinde fitne ve fesat ateşini alevlendirmek için ne lâzımsa yaptılar. Sihirbaz olduğunu, deli olduğunu söylediler. Böylece İslâm'ın yayılmasına, karanlıklar içinde gidecek bir yol arayan insanların doğru yolu tutup gitmelerine engel olmaya çalıştılar. Hele Peygamberin şahsına ve müslüman olanlara ne eziyetler yaptılar!..

Fakat bunların bu çalışmaları, bu didinmeleri nasıl bir netice verdi? İşte bu sûre onu tâ önceden haber veriyordu: Ebû Leheb'in Müslümanlık aleyhine çalışan iki eli kuruyacak, kendisi de yok olacak; sâde dünyada değil, âhirette de muradına ermeyecek, onun ve karısının bütün uğraşmaları boşa çıkacak ve Müslümanlık her tarafa yayılacak, kökleşecek, yaşayacak. Karşısına bin Ebû Leheb çıksa yine boştu. Ona karşı açılan ağızlar günün birinde kapanacak, Ona karşı kalkan eller kuruyacak ve o ellerin sahipleri en fecî bir ölümle yok olacaktı. Bu iki kere iki dört edercesine kesin idi. Çünkü "Tebbet" sûresi bunu, daha olmadan, oldu diye haber veriyordu. Gelecekte olacak şeyi oldu diye ifade etmek çok beliğ bir ifadedir. Onun muhakkak surette olacağının kesin bir delilidir.

Hakikaten Ebû Leheb, muradına ermeyerek, hüsran ile öldü. Bedir harbinde müslümanların muzaffer olduğunu duyunca, kötü bir hastalığa tutularak kahrından öldü. Hastalığında âile efradından bile kimse yanına yaklaşamamış, ölüsü üç gün kalmış ve kokmuş idi. Demek ki, Kur'ân'ın daha evvel haber verdiği dünyada iken gerçekleşmişti.

Sâde Ebû Leheb değil, onun benzerleri de hep aynı âkıbete uğradı. İslâmiyeti yıkmak için uğraşanların elleri kurudu, sesleri kısıldı ve sonunda hepsi helâk oldular. Ne malları, ne kazançları, ne şöhretleri, ne mevkileri kendilerine fayda vermedi; lâyık oldukları âkıbeti önleyemedi. Çünkü Ebû Leheb lugat bakımından, alev babası demek olduğundan bundan maksat, yalnız onun şahsını söylemek olmayıp, vasfına ve bu vasıfta ona benzeyenlerin, yani Peygambere ve İslâm'a karşı ateş püskürmek isteyenlerin, hâllerine de bu sûrede işaret edilmiş oluyordu. Binaenaleyh bu sûre, Ebû leheb ile o tıynette olanların âkibetlerini önceden nasıl haber vermiş ise, dünyada öylece olmuş ve düşündüklerine muvaffak olamamışlardır. Dünyaya kötü adlarından başka bir şey bırakmamışlar, âhirette de alev saçan cehennemlere yaslanmak suretiyle cezâlarını çekeceklerdir.

Ebû Leheb'in karısına gelince: Bu kadın Hz. Peygamber Efendimizin geçeceği yollara geceleyin dikenli ağaçlar ve dallar koymak suretiyle ona eziyet eder ve kocasının kötü işlerine bu da katılırdı. Bunun için Kur'an bunu odun taşıyıcı diye tavsif eder. Odun taşıyıcının bir manası da kundakçılık yapmak, fesat çıkarmak demektir. Gerçekten bu kadın Müslümanlık ve Peygamberimiz aleyhine kundakçılık yapmakta idi. Demet demet dikenleri toplar, iplerle bağlar ve karanlık gecelerde Peygamberin yolu üzerine yığardı. Peygamberimiz aleyhinde kundakçılık ederdi. Âyette bunun bu kötü hâli, gerdanında ip diye çok beliğ bir şekilde ifade olunmuştur.

Fakat bu uğraşmalar da hep boşa gitti ve bu yüzden kendileri de kahrolup gittiler. "Tebbet" sûresi "Ebû Leheb'in iki eli kurudu" demekle bu tıynette olan kimselerin hem dünyada, hem de ahirette âkıbetlerinin çok fecî olacağını önceden haber vermişti. Bunların dünyadaki akıbetlerini çağdaşları gördüler veya işittiler, âhiretteki akıbetlerini de herkes görecektir.

"Tebbet" sûresinin verdiği büyük ders kısaca şudur: İslâm'a, hak ve hakikate düşman olan ve bunu söndürebilmek için kundakçılık yapan kimseler, başka değil, kendileri için kötü bir akıbet hazırlarlar ve kendi elleriyle kendi çukurlarını kazarlar ve kendilerini saracak ve yakacak olan Cehennem ateşinin yakıtlarını hazırlamış olurlar. Hiçbir kuvvet onu söndüremez ve onun önüne geçemez.

İşte görünüşte Ebû Leheb denilen şahıs ile onun karısından bahseder sanılan bu sûre, bize böyle yüksek bir ders vermektedir.

سُورَةُ الْإِخْلَاصِ

İHLÂS SÛRESİ

بِسْمِ اللّٰهِ الرَّحْمٰنِ الرَّح۪يمِ

قُلْ هُوَ اللّٰهُ اَحَدٌ ﴿١﴾ اَللّٰهُ الصَّمَدُ ﴿٢﴾ لَمْ يَلِدْ وَلَمْ يُولَدْ ﴿٣﴾
وَلَمْ يَكُنْ لَهُ كُفُوًا اَحَدٌ ﴿٤﴾

"Bismillâhi'r-Rahmâni'r-Rahîm.

Kul hüvallâhü ahad. Allâhü's-samed. Lem yelid ve lem yûled. Ve lem yekün lehû küfüven ahad."

"Rahman ve Rahim olan Allah'ın adı ile. De ki: O, Allah, birdir. Allah, her yönden eksiksizdir ve her dileğin merciidir, her şey kendisine muhtâc olan Şanlı, Uludur. O, doğurmadı ve doğurulmadı. O'na hiçbir şey denk de olmadı."

Bu sûreye "İhlâs" ve "Kul Hüva'llâhü Ehad" sûresi denir. Bu sûre, Müslümanlığın temeli olan "Allah'ın birliği" akidesini en güzel ve en açık bir şekilde beyan eder ve Allahu Teâlâ'yı herkesin anlayacağı bir surette anlatır. İslâm itikadına aykırı olan bozuk itikatları da apaçık anlatır. Sahih rivayetlere göre, müşriklerle yahudilerden bir cemaat, Peygamber Efendimize gelerek; "Seni bize elçi gönderen ve kendisinden başkasına ibadet edilmemesini isteyen Allah nasıl bir şeydir? O'nu bize vasıfları ile anlat, belki sana îman ederiz" demeleri üzerine bu sûre nazil olmuş ve bununla Allahu Teâlâ en güzel, en iyi bir şekilde kendi zâtını, birliğini, diğer itikadların yanlışlığını anlatmıştır.

Cenâb-ı Hak, bu sûrede buyuruyor ki: "Habîbim! Sen onlara de ki: Beni size elçi gönderen ve kendisine îman vacib olan Allah, her bakımdan birdir, birliği mutlaktır. O'ndan başka tapılacak yoktur, her şeyi yaratan, düzene koyan O'dur. Varlık âlemindekilerin hepsi O'ndandır, O'na muhtaçtır ve O'nunla durmaktadır. O ise, bunlardan hiçbirine muhtaç değildir. Bütün varlıkların sıkıntı gördüğü, darda kaldığı zaman başvurduğu, aman diye çağırdığı çağıracağı yalnız O'dur. İlk ve son O'dur. Ne evveli var, ne de sonu. İhtiyaçların temin edilmesi için yalnız O'na müracaat olunur ve yalnız O'ndan istenir. Çünkü her şeye kadir olan yalnız O'dur. O, doğurmadı ve doğurulmadı; böyle şeylerden tamamıyla uzaktır. Oğulları ve kızları var demek şirktir. Hiçbir yönden ne zâtında, ne sıfatlarında, ne işinde hiçbir suretle benzeri, eşi, ortağı, dengi, rakibi yoktur."

İhlâs sûresi, evvelâ Allah'ın mutlak birliğini anlatarak Allah'a ortak katan, Allah'tan başka ilâhlar kabul eden dinlerin bâtıl olduklarını bildirmiş ve teslis (Allah üçtür) akîdesinin bozuk olduğunu da takrir etmiş oluyor.

İkinci âyet, Allah'ın Samed olduğunu yani hiçbir şeye muhtaç olmayıp her ihtiyaçta kendisine başvurulan en yüce varlık olduğunu anlatarak varlık âlemindekilerin hepsi O'na muhtaç olduğunu, O'nsuz hiçbir şey var olmayacağını anlatarak "madde ve rûhun, Rûhü'l-Kuds, madde ve kuvvetin bir yaratıcıya muhtaç olmadığı" itikadını da çürütmüş oluyor.

Üçüncü âyette Hıristiyanlık gibi Allah'ı baba, oğul, Ruhü'l-Kuds diye üç uknûmdan mürekkep ve hepsini Allah'lık itibariyle bir sayan; Mekke putperestleri gibi, meleklere Allah'ın kızları diyen dinlerin de bozuk oldukları bildiriliyor.

Dördüncü âyette hulûl, yani Allah'ın insan vücûduna girdiği âkîdesini taşıyan, insanı ilâhlaştıran dinlerin bozuk oldukları anlatılıyor.

Bundan başka "şirk" yani Allah'a denk ve müsavî ilâhlar tanımak bahsi dört şekildedir: İlâhların taaddüdüne, bazı şeylerin Allah'a ait olan sıfatları hâiz olduğuna, herhangi şeyin Allah'a nisbet olunabileceğine, Allah tarafından yapılacak şeyleri bir başkasının yapabileceğine inanmak.

İşte bu dört âyet, bu dört çeşit şirki, bu çeşit bozuk îtikatları da reddediyor. Bu sûrede Allah'a isnad edilen "birlik" mutlaktır. Vahdetin en son kemâlini bulmuş olan birliktir. Ondan ekmel "vahdet" tasavvuruna imkân yoktur. Binaenaleyh birinci ve ikinci âyetler, Allah'ın mutlak birliğine mugayir olan ve başkasına ihtiyacı andıran her şeyi reddettiği gibi, Hıristiyanlıktaki bir üç, üç bir; akîdesini de çürütmektedir. Çünkü bu sûrede tarif edilen vahdet, gerek ilâhların birden fazla olması akîdesini, gerek baba, oğul, Rûhü'l-Kuds gibi teslis itikadını tamamıyla söküp atmaktadır.

Üçüncü ve dördüncü âyetler de "Meleklere Allah'ın kızlarıdır" diyenleri ve insanı ilâhlaştırıp, Allah'a denk yapanları reddetmektedir.

Hülâsa: Dört kısa âyetten ibaret olan bu sûre bize talim ediyor ki: Allah birdir, Allah'ın ne zatında ne sıfatlarında, ne de işlerinde, ortağı, dengi, benzeri ve hiçbir şeye ihtiyacı yoktur. Başkası ise hep O'na muhtaçtır. O'ndandır ve O'nunla durmaktadır. Bunun aksine olan, buna aykırı düşen her îtikat, her fikir çürüktür, yanlıştır. İşte müslüman îtikadı budur. Dört kısa âyetten ibaret olan İhlâs sûresi hem İslâm îtikadının temelini, hem de ona aykırı olan çürük ve bozuk îtikatları eşsiz bir surette beyan etmiştir.

سُورَةُ الْفَلَقِ

FELÂK SÛRESİ

بِسْمِ اللّٰهِ الرَّحْمٰنِ الرَّحِيمِ

قُلْ اَعُوذُ بِرَبِّ الْفَلَقِۙ ﴿١﴾ مِنْ شَرِّ مَا خَلَقَۙ ﴿٢﴾ وَمِنْ شَرِّ
غَاسِقٍ اِذَا وَقَبَۙ ﴿٣﴾ وَمِنْ شَرِّ النَّفَّاثَاتِ فِي الْعُقَدِۙ ﴿٤﴾
وَمِنْ شَرِّ حَاسِدٍ اِذَا حَسَدَ ﴿٥﴾

"Bismillâhi'r-Rahmâni'r-Rahîm.

Kul e'ûzü bi-Rabbi'l-felak. Min şerri mâ halak. Ve min şerri ğâsikın izâ vekab. Ve min şerri'n-neffâsâti fi'l-'ukad. Ve min şerri hâsidin izâ hased."

"Rahman ve Rahim olan Allah'ın adı ile. De ki: Yaratılmışların şerrinden, karanlık çöktüğü zaman gecenin şerrinden, düğümlere üfleyenlerin şerrinden ve haset edenin, içindeki hasedini dışarıya vurduğu vakit, şerrinden; şafak aydınlığının Rabbine (Allah'a) sığınırım."

Felâk sûresi, bize dört şeyden korunmayı ve bunların şerrinden Allah'a sığınmayı tâlim ve emrediyor:

1– Yaratılmış ve dünyada mevcut olan herhangi bir şeyden, herhangi bir vakit ve zamanda gelecek her türlü şer, zarar ve kötülüklerden.

Allah'ın yarattığı şeylerin hiçbirisi bizâtihi kötü ve şer değildir. Hepsi Allah'ın yarattığı bir şey olduğundan dolayı, hayırdır, iyidir. Çünkü varlıktan, İlâhî hikmete göre, mukadder olan yerini ve nasibini almıştır.

Bununla beraber herhangi bir şey kendi hilkati bakımından hayır olduğu hâlde, bize olan zararı bakımından bizim için şer olabilir. Zehirli ve yırtıcı hayvanlar da kendi zatları bakımından şer ve kötü değildirler. Bunlardaki şer ve zarar nisbîdir. Binaenaleyh bize zararı dokunacak, bize kötülük getirecek şeylerden bizi koruması için daima Allah'a sığınmak ve O'na yalvarmak ve korunmasını bilmek lâzımdır. O cihet bize düşen bir vazifedir.

2– Gece, gündüze bakarak bir vahşettir, korkunçtur. İnsana korku verir. Fakat gecenin bir de tam karanlığı çöktüğü, "kapkara, zindan gibi, göz gözü görmez" dediğimiz çok korkunç zamanı vardır. Gece bu hâli aldığı vakit, insana şer ve kötülük daha kolay şekilde gelebilir. Yolcu yolundan çıkar ve nereye gideceğini şaşırır, düşman da böyle bir zamanı kollar. İşte böyle bir gecenin şerrinden, böyle bir zamanda insana gelebilecek zararlardan da Allah'a sığınmak lâzım olduğunu yine bu sûre bize tâlim etmektedir. Demek ki gecenin bu hâli de bilhassa korunulmayı ve Allah'a sığınılmayı icap ettirmektedir.

İnsanların hak ve hakikat ışıklarından mahrum bir duruma düşmeleri de böyle karanlık içinde kalmaya benzer. Bu da her türlü kötülüklere sebeptir. Böyle bir duruma düşmekten de Allah'a sığınmak lâzımdır. Böyle zamanlarda gelebilecek olan şerleri, kötülükleri, dünya ve âhiretle ilgili zararları ancak Allah görür ve O önleyebilir. Böyle bir duruma düşmekten koruması için de daima Allah'a yalvarmak lâzım olduğu bu âyetten anlaşılmaktadır.

3– İpliklere düğümler bağlayarak onlara, şunun bunun hesabına üfleyen, efsun yapan, yahut insanlara kötü ve aldatıcı telkinler yapan birtakım büyücüler ve kötü ruhlu insanlar vardır ki bunlar, yakaladıkları kimseleri karanlıklar içinde kıvrandırırlar ve hakikatı görmelerine engel olurlar. Kendilerini birer kurtarıcı ve her şeyi bilir gibi gösteren ve aldatıcı muskalarla veya telkinlerle insanları sapıtan bu sahtekârlar, aile ve insanlar arasında sevgi bağlarını çözerler. Bunların tuzağına düşmek, aslanların pençesine, yılanların zehirli dişlerine yakalanmaktan daha korkunçtur. İşte bunun içindir ki, bunların şerrinden de Allah'a sığınmak ve kendisini bu gibi kimselere kaptırmamak lâzım olduğunu Kur'ân'ın bu sûresi bize tâlim ediyor.

4– Başkalarının elindeki nîmeti kıskanan, nîmeti çekemeyen herhangi bir hasedcinin ruhunu sarmış olan kıskançlık ateşi dışarıya vurduğu zaman, haset ettiği kimseye karşı elinden gelen fenalığı yapmaktan çekinmez. Onu hiçbir şey memnun etmez. Böylelerinin şerrinden de Allah'a sığınmalıdır.

İşte yukarıdan beri saymış olduğumuz bu kötülüklerden, fenalıklardan insan, her vakit için Allah'ına yalvarmalıdır. Bu sûre bize bu gerçekleri tâlim etmektedir.

Her insan daima bunlardan korunma çarelerini aramalı ve Allah'a sığınmalıdır; bunlardan gelebilecek şeylerden ve zararlardan kendisini koruması için Allah'a yalvarmalıdır. Dua ibadetin özüdür; dindarlığın iliğidir. Asıl dua, Allah'a sığınıp O'na doğrudan doğruya yalvarmak ve duasına başkalarının tavassutunu istememektedir.

Allah, bu sûre ile bütün şerlerden, doğrudan doğruya kendisine sığınmamızı emreylemiştir. "Bana dua ediniz, şer ve kötülüklerden bana sığınınız" diye duanın kabul edileceği kapıları herkese açmış, herkesi o kapıdan içeri girmeye çağırmıştır. Binaenaleyh doğrudan doğruya Allah'a iltica ve dua etmeyerek dua tellâlı aramak ve şunun bunun efsunlarından, yapacağı büyülerden medet ummağa kalkışmak diyanetin icabı değil, cahiliye âdetidir ve en büyük günahtır. Esasen büyücülük ve efsunculuk büyük günahlardandır.

سُورَةُ النَّاسِ

NÂS SÛRESİ

بِسْمِ اللّٰهِ الرَّحْمٰنِ الرَّح۪يمِ

قُلْ اَعُوذُ بِرَبِّ النَّاسِۙ ﴿١﴾ مَلِكِ النَّاسِۙ ﴿٢﴾ اِلٰهِ النَّاسِۙ ﴿٣﴾
مِنْ شَرِّ الْوَسْوَاسِ الْخَنَّاسِۙ ﴿٤﴾ اَلَّذ۪ي يُوَسْوِسُ ف۪ي صُدُورِ
النَّاسِۙ ﴿٥﴾ مِنَ الْجِنَّةِ وَالنَّاسِ ﴿٦﴾

"Bismillâhi'r-Rahmâni'r-Rahîm.

Kul e'ûzü bi-Rabbi'n-nâs. Meliki'n-nâs. İlâhi'n-nâs. Min şerri'l-vesvâsi'l-hânnâs. Ellezî yüvesvisü fî sudûri'n-nâs. Mine'l-cinneti ve'n-nâs."

"Rahman ve Rahim olan Allah'ın adı ile. De ki: Sığınırım Rabb'ine nâsın. Melikine nâsın. İlâhına nâsın; şerrinden o sinsi vesvâsın. Ki, fiskos eder sinelerinde[1] nâsın; gerek cinden (olsun o sinsi) gerekse insden."

Bundan evvelki sûre, her şeyin, gece ve gündüz, her zaman insana ârız olabilecek açık şerlerinden Allah'a sığınmak lâzım olduğunu bildiriyordu. Bu sûrede ise, gözle görülmeyen,

1 Kalplerinde, göğüslerinde, içlerinde.

elle tutulmayan gizli şerlerden ve gizli kuvvetlerden de korunmak ve Allah'a sığınmak lüzumu bildiriliyor. İzah edelim:

Rabb; duygusu olmayan maddeden canlı insanlar yaratıp onları birçok nimetleriyle terbiye eden, hâlden hâle geçirip yetiştiren, besleyip büyüterek kemâle erdiren ulu yaratıcı (Allah) demektir.

Nâs; insan demektir.

Melik; kemâle eren insanların hepsini hükmü altında tutan, hayatî işlerini kudreti ile tedbir eden, onların üzerinde hükümlerini, iradelerini dilediği gibi yürüten, yaratan, rızık veren ve öldüren hâkim demektir.

İlâh; sonsuz kudreti ve büyüklüğü ile insanın kalbinde yaşayan ve kendisinden başkasına tapmak câiz olmayan hak Ma'bud, Allahu Teâlâ Hazretleridir. Binaenaleyh Rabb, Melik, İlâh her üçünden maksat Allahu Teâlâ'dır. Her biri insanın muhtelif hâline nazaran ayrı manalara işarettir.

Allah yalnız insanların değil, her şeyin Rabbi, Meliki ve İlâhıdır. Fakat bunun böyle olduğunda şaşıran ve sapıtan yalnız insanlar olduğu için, nâsın Rabbi, nâsın Meliki, nâsın İlâhı denilmiştir. Binaenaleyh nâsın tekrar olunmasında yüksek bir hikmet ve belâgat vardır.

Vesvâs; vesvese veren, insanın içine kötü şeyler getiren, bağrında yavaş yavaş kötülük fısıldayan, fiskos eden demektir.

Hannâs; geri geri çekilip sinen, aldatmak ve hak yolundan geriletip fenalığa sürüklemek için sinsi sinsi çalışan, sinerek fırsat kollayan vesvese kaynağı demektir.

Cin; gizli olan ve göze görünmeyen mahlûktur. İns de bildiğimiz insanlar demektir. Bunların her ikisinin vesvese ve fiskosundan Allah'a sığınmak lâzım geldiği bize talim olunmuştur.

Şimdi sûrenin manasını şöyle genişletebiliriz:

"Habîbim de ki: İster göze görünmeyen varlıklardan, ister insanlardan olup da aldatmak, hak yolundan geriletip fenalığa sürüklemek için insana gizli gizli vesvese veren; insanın içinde fiskos eden, hep fenaya çağıran sinsi, geriletici ve kötülük kaynağının şerrinden insanları yaratıp terbiye eden; hâlden hâle geçirip kemâle erdiren; onların hepsi üzerinde mutlak hâkim olan, sonsuz kudret sahibi hak İlâh, Allahu Teâlâ'ya sığınırım. Rabbim! Senin iraden dışında hiçbir şey yoktur ve olamaz.

Beni bunların şerrinden, bunların dediklerine uymaktan, çağırdıkları kötü yollara gitmekten koru!"

Bundan evvelki sûrede korunulması lâzım gelen ve şerlerinden Allah'a sığınılması emir olunan dört şey, görünür şeylerdendi. Bu sûrede korunulması emir olunan şey göze görünmeyen ve insanın içine atılan bir vesvesedir. İnsanın içine sokulan gizli bir fiskostur. Fakat, bunun tehlikesi daha büyüktür. İnsan, hayatının her dakikasında bundan korunmak zorundadır.

Dışarıdan gelecek olan bir şer, bir fenalık ne kadar büyük zarar doğursa, insana ne kadar acı, elem ve ıztırap verse yine sebebiyet vermedikçe, onun ruhunu kirletemez. Allah yanında sorumluluğu icap ettiremez. Çünkü isteyerek yaptığı bir şey değildir. İmanına, itikadına, ibadetine bir eksiklik vermez; Allah yolundan geriletemez.

Fakat kötü arkadaşlar, şeytanlar ve nefsanî arzular yüzünden uğrayacağımız zararlar böyle değildir. Gerek insan şeytanı, gerek göze görünmeyen şeytanlar ve nefsanî meyiller yavaş yavaş, sinsi sinsi kalbe soktukları kötü hâtıralarla, vesvese ve fiskoslarıyla insanın ruhunu kirletir, insanı hak yolunda ilerlemekten alıkor. Aklını ve fikrini çelerek îman ve îtikadını bozar, sırf hayvanî ve geçici zevklerle oyalar. Bunlar, fertlerin gönüllerinde, insan cemiyetlerinin aralarında, yahut Allah'ı unutanların göğüslerinde, sezilir sezilmez, fiskos eder gibi, yavaşcadan gıcıklayarak kötü telkinler yapar, fena fena temayüller uyandırır ve böylece akıl ve fikrini çeler, türlü türlü fenalıklara düşürür. Allah yoluna gitmekten, insanlık gayesine ermekten alıkor, nihayet din ve îmandan çıkarır, ebedî helâke sürükler. Gerek görünerek ve gerek hiç görünmeden insanların kalbine vesveseler atan, kötülükler telkin eden bu şeylerin şerrinden Allah'a sığınmak ve içimize böyle kötü bir hatıra ne taraftan gelirse gelsin ona uymamak, o sesin çağırdığı tarafa gitmemek ve o aldatıcı fiskoskalara uymaktan kendisini koruması için daima Allah'a yalvarmak gerekir.

İşte bu sûrenin bize talim eylediği gerçek budur.

ÂYETÜ'L-KÜRSÎ

اَللّٰهُ لَٓا اِلٰهَ اِلَّا هُوَۚ اَلْحَيُّ الْقَيُّومُۚ لَا تَأْخُذُهُ سِنَةٌ وَلَا نَوْمٌۜ لَهُ مَا فِي السَّمٰوَاتِ وَمَا فِي الْاَرْضِۜ مَنْ ذَا الَّذ۪ي يَشْفَعُ عِنْدَهُٓ اِلَّا بِاِذْنِه۪ۜ يَعْلَمُ مَا بَيْنَ اَيْد۪يهِمْ وَمَا خَلْفَهُمْۚ وَلَا يُح۪يطُونَ بِشَيْءٍ مِنْ عِلْمِه۪ٓ اِلَّا بِمَا شَٓاءَۚ وَسِعَ كُرْسِيُّهُ السَّمٰوَاتِ وَالْاَرْضَۚ وَلَا يَؤُ۫دُهُ حِفْظُهُمَاۚ وَهُوَ الْعَلِيُّ الْعَظ۪يمُ

"Allâhü lâ ilâhe illâ hüve'l-hayyü'l-kayyûm. Lâ te'huzühû sinetün ve lâ nevm. Lehû mâ fi's-semâvâti ve mâ fi'l-ard. Men-ze'l-lezî yeşfe'u 'indehû illâ bi-iznih. Ya'lemü mâ beyne eydîhim ve mâ halfehüm. Ve lâ yuhîtûne bi-şey'in min 'ılmihî illâ bimâ şâe, vesi'a kürsiyyühü's-semâvâti ve'l-arda ve lâ yeûdühû hifzuhumâ ve hüve'l-aliyyü'l-azîm."

"Allah, O Allah'tır. O, yegâne hak mâbuddur ki O'ndan başka İlâh yok, yalnız O; daima yaşayan, duran, tutan, her an bütün hilkat üzerinde hâkim, Hayy ü Kayyum ancak O'dur. Ne gaflet basar O'nu, ne uyku. Göklerde, yerde ne varsa hepsi O'nundur.

Kimin haddine ki izni olmaksızın O'nun yanında şefaat edebilsin? Allah, yarattıklarının işlediklerini, işleyenlerini, geçmişlerini, geleceklerini bilir. Onlar ise O'nun bildiklerinden yalnız dilediği kadarını kavrayabilir; başka bir şey bilemezler. O'nun kürsüsü, ilmi bütün gökleri ve yeri kucaklamıştır ve bunların koruyuculuğu, bunları görüp gözetmek kendisine bir ağırlık da vermez.

O, öyle ulu, öyle büyük ve yücedir..."

Peygamberimizin Mübarek Sözlerinden:

"Kur'an'da en büyük âyet, Âyetü'l-Kürsî'dir. Bu âyet bir evde okunursa, oraya otuz gün şeytan yaklaşamaz. Her kim her namazın arkasında bunu okursa, ölünce doğru Cennet'e gider. Çocuklarınıza, âilenize ve komşularınıza bu âyeti öğretin. (Peygamber Efendimiz yatağına yatınca, bu âyeti ve bununla birlikte İhlâs, Felâk ve Nâs sûrelerini okur, eline üfler ve vücudunun her tarafını sıvazlardı.)"

NAMAZLARDA OKUNAN DUALAR

* *Sübhâneke*

سُبْحَانَكَ اَللّٰهُمَّ وَبِحَمْدِكَ وَتَبَارَكَ اسْمُكَ وَتَعَالٰى جَدُّكَ
(وَجَلَّ ثَنَآئُكَ) وَلاَ اِلٰهَ غَيْرُكَ

"Sübhâneke'llâhümme ve bi hamdik. Ve tebâra-k'esmük. Ve te'âlâ ceddük. (ve celle senâük[1]). Ve lâ ilâhe ğayrük."

"Allah'ım! Sen eksik sıfatlardan pâk ve uzaksın. Seni dâima böyle takdîs eder ve överim; Senin adın mübarektir, azamet ve celâlin yüksektir. Seni öğmek yücedir ve Senden gayrı İlâh yoktur."

Bu duayı namaza başlarken okuruz.

Şu da Sübhânekenin manzum bir tercümesidir:

Eksik sıfatlardan ârî Allah'ım,
Seni tesbih eder överim dâim.
Adın mübarektir Sen'in, o koca,
Varlığın her şeyden üstündür yüce,

1 "Ve celle senâüke" kelimeleri sadece cenaze namazlarında okunur.

Senden başka tanrı yoktur tapacak,
Ben Sana ibadet ederim ancak.

Kâmil Miras

Bu duayı namazların her iki rek'atından sonra oturunca okuruz.

"Ey bizim Rabbimiz! Bize dünyada da iyilik ve güzellik, âhirette de iyilik, güzellik ver ve bizi, ey merhameti çok bol olan Allah'ım, rahmetinle ateş azabından koru."

"Ey bizim Rabbimiz! Herkesin hesabına bakıldığı gün beni, anamı ve babamı ve mü'minleri yarlığa; günahlarımızı affet."

* *Tahıyyât*

أَلتَّحِيَّاتُ لِلّٰهِ وَٱلصَّلَوَاتُ وَٱلطَّيِّبَاتُ أَلسَّلَامُ عَلَيْكَ اَيُّهَا ٱلنَّبِىُّ
وَرَحْمَةُ اللّٰهِ وَبَرَكَاتُهُ أَلسَّلَامُ عَلَيْنَا وَعَلٰى عِبَادِ اللّٰهِ ٱلصَّالِحِينَ
اَشْهَدُ اَنْ لَا اِلٰهَ اِلَّا اللّٰهُ وَاَشْهَدُ اَنَّ مُحَمَّدًا عَبْدُهُ وَرَسُولُهُ

"Ettehıyyâtü lillâhi ve's-salevâtü ve't-tayyibâtü esselâmü 'aleyke eyyühennebiyyü ve rahmetüllâhi ve berakâtühû esselâmü 'aleynâ ve 'alâ 'ıbâdi'l-lâhi's-sâlihîn. Eşhedü en lâ ilâhe illallâhü ve eşhedü enne Muhammeden 'abdühû ve rasûlüh."

"Dil ile, beden ve mal ile olan ibâdetlerin hepsi yalnız Allahu Teâlâ'yadır. O'ndan başkasına ibâdet olmaz.

Ey mertebesi yüce olan Nebî "Muhammed"! Allah'ın rahmeti ve bereketleri ile selâm ve selâmetlik Sana olsun!

Selâm ve selâmetlik bizim üzerimize ve Allah'ın iyi kullarına olsun!

Şahadet ederim ki: Allah'tan başka İlâh yoktur; yine şahadet ederim ki; Muhammed O'nun kulu ve resûlü 'elçisi'dir."

Bu duayı namazların her iki rek'atından sonra oturunca okuruz.

* Salli - Bârik

أَللّٰهُمَّ صَلِّ عَلٰى مُحَمَّدٍ وَعَلٰى اٰلِ مُحَمَّدٍ كَمَا صَلَّيْتَ عَلٰى اِبْرَاهِيمَ وَعَلٰى اٰلِ اِبْرَاهِيمَ اِنَّكَ حَمِيدٌ مَجِيدٌ

أَللّٰهُمَّ بَارِكْ عَلٰى مُحَمَّدٍ وَعَلٰى اٰلِ مُحَمَّدٍ كَمَا بَارَكْتَ عَلٰى اِبْرَاهِيمَ وَعَلٰى اٰلِ اِبْرَاهِيمَ اِنَّكَ حَمِيدٌ مَجِيدٌ

"Allâhümme salli alâ Muhammedin ve 'alâ âli Muhammed. Kemâ salleyte 'alâ İbrahîme ve 'alâ âli İbrahîm. İnneke hamîdün mecîd."

"Allâhümme bârik 'alâ Muhammedin ve 'alâ âli Muhammed. Kemâ bârekte 'alâ İbrahime ve 'alâ âli İbrahim. İnneke hamîdün mecîd."

"Allah'ım! Muhammed'e ve onun evlât ve etbaına (yakınlarına), İbrahim'e ve âline

rahmet ettiğin gibi, rahmet et. Muhakkak ki Sen öğülmüş, öğülmeye lâyık ve şanlısın."

"Allah'ım! Muhammed'i ve âlini, İbrahim'i ve etbaını mübarek kıldığın gibi mübarek kıl. Şüphe yok ki, öğülmüş yalnız Sensin, gerçekten şan ve şeref sahibi de Sensin!"

**** Rabbenâ***

رَبَّنَا اٰتِنَا فِى اَلدُّنْيَا حَسَنَةً وَفِى الْاٰخِرَةِ حَسَنَةً وَقِنَا عَذَابَ النَّارِ

رَبَّنَا اَغْفِرْلِى وَلِوَالِدَىَّ وَلِلْمُؤْمِنِينَ يَوْمَ يَقُومُ اَلْحِسَابُ

"Rabbenâ âtinâ fi'd-dünyâ haseneten ve fi'l âhirati haseneten ve kınâ 'azâbe'n-nâr.

Rabbenağfirlî ve li vâlideyye ve lil-mü'minîne yevme yekûmü'l-hısâb."

"Ey bizim Rabbimiz! Bize dünyada da iyilik ve güzellik, âhirette de iyilik, güzellik ver ve bizi, ey merhameti çok bol olan Allah'ım, rahmetinle ateş azabından koru."

"Ey bizim Rabbimiz! Herkesin hesabına bakıldığı gün beni, anamı ve babamı ve mü'minleri yarlığa; günahlarımızı affet."

* *Kunut Duaları*

اَللّٰهُمَّ اِنَّـا نَسْتَعِينُكَ وَنَسْتَغْفِرُكَ وَنَسْتَهْدِيكَ وَنُؤْمِنُ
بِكَ وَنَتُوبُ اِلَيْكَ وَنَتَوَكَّلُ عَلَيْكَ وَنُثْنِى عَلَيْكَ اَلْخَيْرَ
كُلَّهُ نَشْكُرُكَ وَلاَ نَكْفُرُكَ وَنَخْلَعُ وَنَتْرُكُ مَنْ يَفْجُرُكَ
اَللّٰهُمَّ اِيَّاكَ نَعْبُدُ وَلَكَ نُصَلِّى وَنَسْجُدُ وَاِلَيْكَ نَسْعٰى وَنَحْفِدُ
نَرْجُو رَحْمَتَكَ وَنَخْشٰى عَذَابَكَ اِنَّ عَذَابَكَ بِالْكُفَّارِ مُلْحِقٌ

"Allahümme innâ neste'înüke ve nesteğfiruke ve nestehdîke ve nü'minü bike ve netûbü ileyke ve netevekkelü aleyke ve nüsnî 'aleyke'l-hayra küllehû neşküruke ve lâ nekfüruke ve nahle'u ve netrukü men yefcürük.

Allâhümme iyyâke na'büdü ve leke nüsallî ve nescüdü ve ileyke nes'â ve nahfidü nercû rahmeteke ve nahşâ 'azâbeke inne 'azâbeke bi'l-küffâri mülhık."

"Allah'ım! Biz Senden yardım isteriz, günahlarımızı örterek bizi rüsvay etmemeni isteriz; râzı olduğun şeylere bizi hidâyet etmeni isteriz. Allah'ım, Sana îman ederiz, tövbe edip Sana döneriz; işlerimizde Sana dayanır ve Sana güveniriz; Seni överiz, bütün hayırların Sende olduğunu ikrar ederiz; verdiğin bunca nîmetlerden dolayı Sana şükrederiz ve nankörlük yapmayız. Sana karşı nankör-

lük eden fâcirleri bırakır ve ondan ayrılırız, onunla olan rabıtamızı keseriz."

"Allah'ım! Biz ancak Sana ibâdet ve kulluk ederiz, ancak Senin için namaz kılarız ve Sana yalvarırız, yalnız Sana secde eder, yalnız Sana koşar ve Sana yaklaştıracak şeyleri kazanmaya çalışırız. İbâdetini sevinçle yaparız, rahmetini ve ihsanının devamını ve çok olmasını dileriz. Yasak ettiklerini yapamaz ve azabından korkarız. Şüphe yok ki, azabın kâfirlere ulaşır."

Bu dualar Vitir namazının son rek'atında âyetten sonra okunur